www.ingramcontent.com/pod-product-compliance
Lightning Source LLC
Chambersburg PA
CBHW081210170426
43198CB00018B/2911

سه‌گانهٔ «عجایب یاد» ـ کتاب دوم

«دفتر الحان»

(فروردین‌شهریور ۱۴۰۰)

امیر حکیمی

نشر آسمانا، تورنتو، کانادا

۱۴۰۳ / 2024

دفتر الحان (کتاب دوم از سه‌گانهٔ عجایب یاد)

مجموعهٔ اشعار (فروردین ـ شهریور ۱۴۰۰)

نوشتهٔ امیر حکیمی

نقش جلد: امیر شادلو

نشر آسمانا، تورنتو، کانادا

نوبت چاپ نخست، 2024 / آذر‌دی ۱۴۰۳

ISBN: 9781069021052

برای یار نازنین

«سی لحن باربد»

درآمد **باربد** چون بلبل مست / گرفته بربطی چون آب در دست
زصد دستان‌که او را بود در ساز / گزیده کرد **سی لحن** خوش‌آواز
زخوش‌لحنی‌درآن‌سی‌سازچون‌نوش / گهی دل دادی و گه بستدی هوش
چو یاد از **گنج بادآورد** راندی / ز هر بادی لبش گنجی فشاندی
چو **گنج گاو** را کردی نواسنج / برافشاندی زمین هم گاو و هم گنج
ز **گنج سوخته** چون ساختی راه / ز گرمی سوختی صد گنج را آه
چو **شادروان مروارید** گفتی / لبش گفتی که مروارید سفتی
چو **تخت طاقدیسی** ساز کردی / بهشت از طاق‌ها در باز کردی
چو**ناقوسی‌واورنگی**زدی ساز / شدی اورنگ چون ناقوس از آواز
چو قند از **حقهٔ کالوس** دادی / شکر کالای او را بوس دادی
چو لحن **ماه ابر کوهان** گشادی / زبانش ماه بر کوهان نهادی
چو برگفتی نوای **مشکدانه** / ختن گشتی ز بوی مشک خانه
چو زد **آرایش خورشید** راهی / در آرایش بدی خورشیدماهی
چو گفتی **نیمروز** مجلس‌افروز / خرد بی‌خود بدی تا نیمهٔ روز
چو بانگ **سبزدرسبز**ش رسیدی / ز باغ زرد سبزه بردمیدی
چو **قفل رومی** آوردی‌درآهنگ / گشادی قفل گنج از روم و از زنگ

چو بر دستان **سروستان** گذشتی / صبا سالی به سروستان نگشتی
وگر **سرو سهی** را ساز دادی / سهی سروش به خون خط باز دادی
چو **نوشین‌باده** را در پرده بستی / خمار بادهٔ نوشین شکستی
چو کردی **رامش جان** را روانه / ز رامش جان فدا کردی زمانه
چو در پرده کشیدی **ساز نوروز** / به نوروزی نشستی دولت آن روز
چو بر **مشکویه** کردی مشك‌مالی / همه مشکو شدی پرمشك حالی
چو نوکردی نوای **مهرگانی** / ببردی هوش خلق از مهربانی
چو بر **مروای نیك** انداختی فال / همه نیك آمدی مروای آن سال
چو در شب کاو گرفتی راه **شبدیز** / شدندی جملهٔ آفاق شب‌خیز
چو بر دستان **شب فرخ** کشیدی / از آن فرخنده‌تر شب کس ندیدی
چو بازش رای **فرخ‌روز** گشتی / زمانه فرخ و فیروز گشتی
چو کردی **غنچه کبك دری** تیز / نمودی غنچهٔ کبكِ دل‌آویز
چو بر **نخچیرگان** تدبیر کردی / بی چون زهره را نخچیر کردی
چو زخمه راندی از **کین سیاووش** / پر از خون سیاووشان شدی گوش
چو کردی **کین ایرج** را سرآغاز / جهان را کین ایرج نو شدی باز
چو کردی **باغ شیرین** را شکربار / درخت تلخ را شیرین شدی بار
نواهایی بدین‌سان رامش‌انگیز / همی زد باربد در بزم پرویز

خمسه نظامی، چاپ مسکو، هرمس ۱۳۸۷

شماره صفحه	قطعه‌ها در دفتر الحان	نغمه‌های باربد در خسروشیرین نظامی	نواهای باربد در برهان قاطع	نام روزهای ماه
۱	**جمهوری پوتین**	گنج بادآورد	آرایش خورشید	هرمزد
۲	**گورستان پروانه**	گنج گاو	آیین جمشید	بهمن
۳	**حافظهٔ نبی**	گنج سوخته	اورنگی	اردیبهشت
۴	**هجران**	شادروان مروارید	باغ شیرین	شهریور
۵	**زندان بلقیس**	تخت طاقدیس	تخت طاقدیس	سپندارمذ
۶	**گورنامهٔ بهرام**	ناقوس	حقهٔ کاوس	خرداد
۷	**کاخ سلیمان**	اورنگ	راح روح	مرداد
۸	**زندان کی‌کاووس**	حقهٔ کالوس	رامش جان	دی به آذر
۹	**نفرین اردیبهشت**	ماه ابر کوهان	سبزدرسبز	آذر
۱۰	**صبح کاذب**	مشک‌دانه	سروستان	آبان
۱۱	**دیوباران**	آرایش خورشید	سرو سهی	خور
۱۲	**میدان انتحار**	نیمروز	شادروان مروارید	ماه
۱۳	**تاك نفت**	سبزدرسبز	شبدیز	تیشتر
۱۴	**قفل روسی**	قفل رومی	شب فرخ	گوش/گاو
۱۵	**بدرود کیخسرو**	سروستان	قفل رومی	دی به مهر
۱۶	**تن تنها**	سرو سهی	گنج بادآورد	مهر/میترا
۱۷	**مهمانی شام اقلیت**	نوشین باده	گنج گاو	سروش
۱۸	**کین شیرین**	رامش جان	گنج سوخته	رشن

شماره صفحه	قطعه‌ها در دفتر الحان	نغمه‌های باربد در خسروشیرین نظامی	نواهای باربد در برهان قاطع	نام روزهای ماه
۱۹	**بربط/باربد**	ساز نوروز	کین ایرج	فروردین
۲۰	**نبرد اشباح**	مشکویه	کین سیاوش	ورثرغنه/بهرام
۲۱	**و تن من**	مهرگانی	ماه ابرکوهان	رام
۲۲	**مرا گریه کن ابر و باد**	مروای نیک	مشک‌دانه	وای/باد
۲۳	**سوگنامه جیران**	شبدیز	مروای نیک	دی به دین
۲۴	**مهر نیمه‌جان**	شب فرخ	مشک‌مالی	دین/دینا
۲۵	**آیین مهرویان**	فرخ‌روز	مهربانی/مهرگانی	اشی
۲۶	**دشت دیوان**	غنچۀ کبک دری	ناقوسی	اشتاد/ارشتات
۲۷	**خویشتن‌رامی**	نخچیرگان	نوبهاری	آسمان
۲۸	**روایت فتح**	کین سیاوش	نوشین‌باده	زامیاد/زمین
۲۹	**وقت کی‌مغان**	کین ایرج	نیمروز	مهراسپند/منثره سپنتا
۳۰	**گل یخ ـ بهار مسعود**	باغ شیرین	نخچیرگاهی	انیران
۳۱	**پیام‌بر دیوانه ـ تابستان عباس**	باغ شیرین	نخچیرگاهی	انیران
۳۲	**شهر فرنگ ـ خزان ابراهیم**	باغ شیرین	نخچیرگاهی	انیران
۳۳	**سرمای پیره‌زن ـ دب اصغر**	باغ شیرین	نخچیرگاهی	انیران

درود

به «عجایب یاد» خوش آمدید.

«دفتر الحان»، کتاب دوم از سه‌گانه‌ای است که نخستین دفتر آن پیش از این با نام «عجایب یاد» (آسمانا ۲۰۲۳، تورنتو)، منتشر شده و دفتر سوم، «شهرآشوب»، سپس، به امید ایزد.

***

تو را سپاس، دوست من، که یادگار را به آشیانه‌ات برده‌ای.
تن آواره را کنج کتابخانه‌ات وطن داده‌ای.
که می‌خواستم راوی زندگی‌های من‌وتو باشم، بی‌شمار تن.
از من به تو رسیده، به زنجیرهٔ سخن.
هر کجا نگریستم، در من، روبه‌روی من، همواره تو نشسته‌ای.
و زندگی ماست آنچه من و تو بدان چنان‌که من و تو قهرمان‌های داستانی دیگر از زندگی خود هستیم، ناگریز، می‌نگریم.
پس سرکشیده‌ام به سرگذشت‌ها.
به یاد و یادگار درگذشتگان دور، بسیار دور؛ و نزدیک‌تر، هرچه آمدم همان بود پرسش:
آیا داستان ما در این دیار و روزگار، تنها سرنوشت من و تو بوده است؟
پیش ازین نبوده‌اند مردمان دربند، چنین گرفتار ستم؟

ما، ایرانیان، همیشه پیش از این، سرگذشت خویش را سرود ساخته‌ایم.
گاهی در روان جاودان بیکران‌تنان قهرمان، خداینامه، شاهنامه و پهلوان‌نامه‌ها؛ گاه در لباس عاشقانهٔ ترانه‌ها؛
بسیار دیده‌ایم شاعری همچو مردم جواهرساز، داستان زندگی خسروان و کی‌خسروان، به چاشنی درد و رمز روزگار خود، نوشته و گنج سخن یادگار گذاشته؛ مانند نظامی.
شاهدان، رازهای زیسته از واژه پیکره‌های ماندگار می‌ساختند.
قصیده‌پردازان بزرگ، در پس مدیحه‌های صنعتی، آینه‌های پوشیده کار می‌گذاشتند، هرچند منتقد و تاریخ‌نویس امروز سراسر مدح و نعت و ستایش سلطان و امیر و والی و سرداران از آنها شنیده، سر خویش را گرفته و از بازخوانی آنها گریخته.
همچنین به چشم دیده‌ایم، گزارندهٔ داستان خسروان، شود گزارش‌گر رهایی پرندگان. «منطق‌الطیر» در بهار «بوستان» روی در «گلستان» — رازدار دانش زندگی و یاد مردمی.
«مردمی» در آن جهان درگذشته، از دل یگانه‌سروری مدیحه‌نامه‌ها، چگونه بر جای مانده و می‌ماند؟
چگونه راویان زندگی خسروان، ستایشگران سلطان محمود و مسعود و دیگران، «مردمی» را زنده نگه داشته‌اند؟
دیده‌ایم، من و تو به چشم، مردمی که خویش را در سیاهچاله‌های ستم، اضطراب و انتظار چوبه‌های مرگ، جان را با خرد پاس‌دار، داد را سپاس.

رنج را به تن زیسته، گوهر سخن، هرآینه که راستی،
همچنان به رهنمایی خرد، روشنی راه داشتند؛
از دل سیاه بازداشتگاه‌ها، در میانهٔ نبردهای بی‌هوده و بی‌پایان.
حافظ زندگی، سرزندگی، باور به آزادی و آزادگی؛
رسواگر دورویی، سالوس، زاهدانه‌زیستی؛
گنج را، جام جم و گنج‌های باستان، در غزل نهفت؛
زنجیره‌های تابان‌آهنگین؛
نه یک سرود، سرودها، سروده‌ها. کتاب مقدس.
شگفتا، ما در پناه گنبدی چنین بلند، این‌چنین در تاریکی و درمانده.
تاروپود سرپناه، رنج و درد، خشم، آوارگی
ـ هرچند با چشم‌های تهی،
همچنان در جست‌وجوی تاره‌های نور و چشمه‌های روشن.

***

دفتر نخست، «عجایب یاد» در آمیزش با تاریخ معاصر از مشروطه تا امروز، سراد و سرود و سوکنامه شد.

«دفتر الحان»، برآیند بازخوانی‌های مکرر گنجینه‌های نظامی و در میان آنها گنج «خسروشیرین» است. این قطعه‌ها در مدت شش ماه، از اسفند ۱۳۹۹ تا شهریور ۱۴۰۰ ساخته و به پیروی از ۳۰ لحن باربد، از سی قطعه پرداخته شد؛ و هر قطعه به نام یکی از نواهای باربد آراسته گردید. قطعهٔ سی‌ام، «باغ شیرین» از ۴ قطعهٔ بهار، تابستان، خزان و زمستان ساخته شده و هر قطعه به یکی از کارگردانان بزرگ معاصر ایرانی پیش‌کش شده است.

دو پیوست برای آشنایی خواننده با موسیقی و شعر ایران باستان، همچنین «باربد» در پایان، افزوده شده است. یکی نوشتهٔ انوشه‌روان رضازادهٔ شفق که یکصد سال پیش از این در مجلهٔ «ایرانشهر» منتشر شده و دیگری نوشتهٔ ایرانشناس بزرگ شادروان آرتور کریستن‌سن.

نگارهٔ روی جلد زادهٔ دید و ذوق تاریخی و هنری دوست بسیار ارجمند، امیر شادلو است. درود و سپاس بی‌کران او را.

دوست دیرینه، جناب آقای دکتر شاهد طباطبایی را درود و سپاس بی‌شمار که هم هنگام ساختن این قطعه‌ها نگارنده را با راهنمایی‌های خود همراهی کرد و هم هنگام ویرایش و بازخوانی پایانی، فراوان یاوری رساند.

جناب آقای دکتر مهدی گنجوی، مدیر انتشارات آسمانا را بسیار درود و بسیار سپاس که در این روزگار فرهنگ‌ستیز همچون تک‌درخت ایستاده ماندن، بس بزرگی و از خودگذشتگی می‌خواهد.

دست آخر، «دفتر الحان» را پیش‌کش می‌کنم به یار نازنین و همراه یگانه‌ام، که این همه تب شیفتگی و آشفتگی را تاب‌آور، همواره اوست.

امیر حکیمی ـ ۲۶آذر۱۴۰۳

(سروش نخست: گنج بادآورد)

«جمهوری پوتین»

سردار ،

هلال آتشینش را ،

از آسمان بی‌ستاره ـ

دزدیده :	«زنده‌باد اژدر ،

زرهی ،

تی‌ـپنجاه‌وپنج !

جاودانه‌باد	کلاشینکف ،

کاتیوشا ،

تی‌ـهفتادودو ،	نفربر! »

نواب غزوه‌های بی‌نهایت جهالتی ،

عروسك است ویژه‌دست تزار

بسته چشم‌وگوش با دُروج. ـ

فرمان امواج رادیویی قضیب‌های ایستاده در میدان :

«مرگ بر امپریالیسم

مرگ بر نئولیبرالیسم

مرگ بر لنینیسم.... استالینیسم... »

ما :	کوچه‌ـکوی‌ـخیابان

میدان‌ـبزرگ‌راه‌ـگورستان،

پیکرها،	دیده شکنج، رنج، تازیانه ـ

ما :	«مرگ بر سربازان سایبری!

مرگ بر قزاقان!

مرگ بر پوتین‌ها

که آب‌ها و آتش گرامی را لگد کوبیدند!»

ما،	راندگان	ـتکیده، زنده‌زنده‌ـ سوزانده . .	.

شدیم گوشت تن سردار .

«چو گنج گاو را کردی نواسنج   برافشاندی زمین هم گاو و هم گنج!»

خسرو و شیرین

(سروش دوم: گنج گاو)

«گورستان پروانه»

امروز هم

در ملاقات آسمان آبی ،

چشمان تردت را —

جست‌وجو کردم.

ابری که پروانهٔ جان مرا تا تو می‌رساند ،

در دوردست‌ترین کران تاریکی —

آتش گرفت.

چشمان ترد ،

در سرخی‌ی خاکستر پروانه —

پخت.

حکایت ــ در خردسالی، در گورستان نزدیك باغ من، پروانه‌ها بسیار می‌بودند. کودکی که پروانه دوست داشتم و توری پروانه‌گیری که برای ماهی گرفتن از حوض بود اول، می‌داشتم؛ به آنجا می‌گفته است: «گورستان پروانه».

پروانه‌ها سفید با خال‌های سرخ و زرد و رنگارنگ. پروانه‌ها رگه‌رگه سیاه در میان نارنجی . . . از آسمان مقبره‌ها می‌دزدید. به اتاق خود می‌برد و به دیوار اعدام پروانه سنجاق می‌کرد (که تخته از چوب پنبه هشت‌میل بود) ـ و دوست داشتم پروانه را اسیر خانه‌ای کنم با پنجره که هرگز گشوده نخواهد شد.

در کودکی من، وقتی شکار پروانه می‌کردم، نوجوانی شهید از جبهه به گورستان آمد ــ چهارده‌ساله ــ تنها شهید گورستان پروانه شد.

در کنار گور او پروانه بی‌شمار می‌پرید . . .

من از میان بال پروانه‌های گور او، پنهانی «او» را تماشا می‌کردم:

هر بامداد فرشته از پنجرهٔ قلب گور بال می‌گشود و من در آسمان باغ کودکی،

پرواز ستاره‌های دنباله‌دار را تا خورشید تماشا می‌کردم.

در زیباترین سحرِ آسمان من :

نوجوانان شهید

(روشنان دنباله‌دار پرواز)

از بریده‌ها حنجر و گلو

جریان شیرخون ،

سوزان

در دل سیاه جادوان جاودان! ــ

بازی کودکانه، زندانیِ پرواز بود.

۱۴اسفند۱۳۹۹

(سروش سوم: گنج سوخته)

«حافظهٔ نبی»

ما،   در نبرد با بیماری ـ
رنج گیاهان را ،
و خشم زمین مهربان را،
از ما ـ
دریافته‌ایم.

«مـا
از پناه دیوارنگاری‌های غارهای باستان ،
به دشت‌های بیران بازگشت خواهیم! . . .»

به قنات‌های خاکستر، آبادی‌ها ـ سامان‌شکسته‌مان ـ
خون‌بیدار، پیش‌کش!

هنگام روشنان رقص، زیباترین جان، جان‌ها،
پایکوب، دست‌افشان   در آسمانِ باغ   باز رسته بود ــ
«ستارهٔ داود» را در «عودلاجان» ،   استر را در همدان ،
زرتشت را در شیز، در آذرپادگان
زرتشت را در خروش آستان آفتاب ،
زرتشت را در قلب پارسی   بیدارخواست خواهیم!

« ـ من، دانیال را در نخلستان‌های سوخته بیدار خواهم!»
« ـ من، در خروش شط ، تعمید داد خواهم!»
« ـ من، کشتی‌شکسته نوح   بر چکاد قاف!»
«ما
دانه‌های پراکنده از ایشانیم ؛
دادخانه برپای‌داشته بازآیین
«خداوند عبوس» به دادمهر   ـ کیش راستین خویش ـ
آزموده خواهیم، سزاوار!»

۱۰فروردین۱۴۰۰

ایشان در ادامه فرمودند: «آیات اهریمنی

در جریان‌های الکترومغناطیسی بارگزاری می‌شوند؛

ببندید درهای آسمان را ـ

دروازهٔ زمان را ـ

ای دیوان رستگاری!»

*

ـ شنیدن تنها صدای خویشتن (پیوسته)

اهریمن.

(سروش چهارم: شادروان مروارید)

«هجران»

سرانجام نیز من   در کوچ،
کوله‌بار گشوده   باد خواهد ـ
در دره‌های دوردست
آب‌های پرطنین
موج‌موج
ناشناخته . . .
تا خاکستر لبخند ـ
بر بستر غوغا،
پراکنده می‌سازم.

روزگار من
ـ یکسر ـ
نبردگـــاه ماه و کژدم بود ؛

ملاحان از گردابه‌های ناکامی
ـ پیوسته ـ
بیرون‌کشید جنازه‌جنازهٔ مجنون ؛
وقتی
نبردهای آسمانی   پایان نمی‌گرفت . . .
همهمهٔ کیهان،
گورستان اخترانِ دنباله‌دار شهید
لیلای یادها.

۱۳اسفند۱۳۹۹

«خون‌خواره گشتی و نشکیبی همی ز خون ؛

آهسته خور ،

که خون دل من همی خوری!»

فرخی سیستانی

(سروش پنجم: تخت طاقدیس)

«زندان بلقیس»

«ای کاش راه‌زن

گوریده بود باغ دلم را —

نه چنین نازپاره ـ شعبدهٔ دیو ! ـ

دزدیده کوله‌بار خاطره‌ام را ،

پوشیده دیبای ازرق و زرین

کیِ اردی‌بهشتِ رنگ ،

هم از نخست به نیرنگ ،

در برگ زرد فراموشی ـ

با کام خشك ،

زار سپارد ! —

دریده بود سینهٔ مرا ،

نه پتیاره ! — بی‌شمار نقش‌بازِ شمارگر،

دوزخ‌سرشت ـ

دزدِ آرزو، آهنگ،

راهِ خیال‌زن!»

دارد شب‌کور (بال ترنجیده بر سینهٔ دیوار)

ناله، نیایش، تار—شبان ،

رازپوش ـ از آن روزنهٔ پاك ـ

روی به رو (باردار) آسمانِ سیه‌فام ،

چشم به راهِ دلیر ـ سنگ‌دل ،

سوارِ درخشان.

۱۰اردیبهشت ۱۴۰۰

ای ستاره!
خوشا خیال‌دلی
که نه می‌سنجد
و نه هشیار است.»

«همه خفتند و بینوای‌ـدلی
همچنان در فغان و بیدار است.

«عاقبت»، نیما، اردیبهشت ۱۳۰۵

(سروش ششم: ناقوس)

«گورنامهٔ بهرام»

او بیمار رفتن است،
خداوند پیمان شکستن است . . ،   من ،
گرفته‌یارِ او (گرفتار بودنش) هستم.
و انتقام می‌کشم
از خودم در کابوس ، از خاك استخوان و گورستان ؛
از بازجو
که مرا در خرابه‌های حافظه‌ام ــ غبارستان خون‌خاکسترگنبد ،
آتشفشان پوستی ــ شکنجه کرده است.
از بازیگران بازرگان ،
نه یادهای رخشنده ــ مرگ‌وجهادحرفه،
جهان‌فریب‌جفاپیشه،
نه درخشنده‌گوهران،
نه فریبا!
و از شما (با فراموشی‌سپرده جان!)
تماشاگران ، که من ، و تن خویش را سنگسار کرده‌اید.
پایکوبی، جشن،
آسودگی، آرامش ــ شب‌آیین زیبایی؛
بر شما ناگوار!

مسجدالاقصی،
مسجدالحرام   از خون قربانیان
« من . . . »   کشت کشته می‌کنم !
سرده ــ سنگ‌دل ،
قلبِ من بمب ساعتی‌ست   پیوسته‌انتحار.
انتقام می‌کشم از سرداران
ـ سردار سپه . . . سردار انگشتر ــ
از شاه شاهان (از عقاب نگون‌اختر)
از دیوان (مار را رامش‌گر)
از مغان ـ کارگزاران اژیدها،
نگهبانِ بندِ داعیانِ امام سبزپوش پنهان ز دیدها!
و انتقام می‌کشم
از ارنواز و شهرزاده‌های دروغین (خواب‌گزاران)
اعلان مرگ اژدها به پس افکن.
من رهسپار کوچ واپسین ،
بعد از این قطار گلوله‌ها می‌روم شمال
می‌روم به کوهپایه‌ها (پرآب . . پررمه)
هم راز غار،
هم تراز خاك.

۹شهریور۱۴۰۰

نفرین

ـ نه آفرین ـ

به دست باخته

(یکباره نوبت دل داده با تزار)

کی بارها از شانه‌های ابر ،

تا بهشت،

زنده‌زنده سوختن ـ

مرا ،

پرتابه ساخته .

(سروش ۷: اورنگ)

«کاخ سلیمان»

دارد نگاه هر شب، با التهابِ هیکل ،

بسته با غبار ــ چشمی به دود از دهان مار

آستین‌پرورد

ـ سوختش، بدن‌های زباله‌نوش

غنی‌شده ،

کودك ـ

چشم دگر ـ سفالین ـ مانندهٔ لبش ـ

از بام گنبد آهن

تا کشتن ستاره ـ چشمهٔ خورشید ـ

ژاژد: «از من چه مانده‌ای؟ . .

رو پیش‌تر (مگر) از این خراب غم!»

ساخته اکنون یکی تـَر نیرنگ ،

ـ بیمار آغازهای بیهوده‌شکوهمند

نقش به جادو، هماره‌سیاه‌مست ــ

کبود پرّ سپید کبوتر

پوکیده استخوان ـ

پوسیده‌آوند، شاخهٔ زیتون

و برگ خاکستر!

به تنگنای جمجمه‌دیوان در چنگ ـ

با مژدهٔ سوار:

رستخیز ، خواهد از دوزخ

رها

پـردهٔ آهنگ ،

باغ‌های روشن از خیال ،

رنگارنگ!

۱۴اردی‌جهنم ۱۴۰۰

(سروش۸ : حقهٔ کالوس)

«زندان کیکاوس»

ندیمهٔ کوکی ، عروس ماهاراجه‌زاده‌ای
قلابی ،
پای‌کوب‌وطبل ــ
با ساریِ بلند زرد
خلخال در نبردآهنگ ــ
پوست می‌کند
پگاه
زآویخته از نشاط مردهٔ ساعت ؛ ــ
لباسِ
کهنه «ساز»
تازه می‌کند.

لکاته
رخ‌درنقاب ریمن:
هم دیو. . . هم پری
مهرپیشه
ــ هم‌خوابهٔ سپاه بوم
جانورِ شب‌رُوان‌شکار ،
و روز ،
نقشِ نگارپوش زاغِ خوارکار،
طاووسِ رازدار! ــ
بر پوستین
ـ پرده‌های چشم همبندان ـ
نو..نوـآنه می‌کوبد.

۷تیر۱۴۰۰

«چو لحن ماه‌ابرکوهان گشادی — زبانش ماه بر کوهان نـــهادی»

- خسروشیرین -

(سروش نهم: ماه‌ابرکوهان)

«نه‌آفرینِ اردیبهشت»

همواره سوگوار

نقره‌ـدیده، تهی‌چشم –

بیگانـه   سروشِ بخت ،

هوشِ‌ـآدمی‌ـنشان به‌نشانه

ماه ناگوار تلخ –

می‌خواند این فریب

زمزمه در گوش آدمی :

روز است در کمین!

فردا ست !

کوه است در غبار و   آفتاب

خاکستری‌نشان ؛

در آب‌خـانه   نه ماهی ،

– چشمان روز

داغ‌دار

اندام گاو نقره‌کوفته –

در باغ

بازنمانده از روشنی نشان !

۵تیر۱۴۰۰

«از خون دو چشم من

چو دو چشم غراب وُ

دل

آویخته‌غرابی گشته

از

اضطراب.»

ـ مسعود سعد سلمان ـ

(سروش دهم: مشك‌دانه)

«صبح کاذب»

می‌دانستم در ژرفنای چشم، اوست :

انتقام

- پگاه - برهنه‌دندان ،

رفتار کینه را با چشم‌باش نشسته . . .

پذیرفتم

گرگ‌پوش

در نمناك مردم چشم ،

برپای‌داشت جشنواره

زآتش و غزل

- برشته‌تن ، -

فتح‌وظفرنامه بر سر گل‌دسته‌های سر ؛

دیدگانِ شعبده‌فریفته.

چه دانستم

شیاد عاطفه است روز.

شیدا و شیفته (ناشکیبناك) —

مهتاب‌کُش (مهرِ جفاپیشه)

پوشیدگی‌نما، صیاد آرزو، سلطه‌گرست روز!

او باغ را - سرانجام -

با تازیانه: آفتاب ،

بر شانه‌های لخت بیدار می‌کند؛

بندیِ زر خیال را با رنگدانه‌های درخشان

بیمار می‌کند.

چه، می‌دانستم

ستم‌رَواست پیشوای من —

سرباز او،

دستیارِ ستم شدم.

۳اردیبهشت ۱۴۰۰

(سروش ۱۱ : آرایش خورشید)

«دیو باران»

توپ‌خانه ،

آماده . . ،

آتـش !

چشم‌داشته با سوختن، ستایش‌گر،

بی‌تاب —

پروانه می‌نوازد ، با بال‌هاش بسته رقص ـ

آغوش می‌گشاید ، لب‌ها ترانه‌دوخته ـ :

«آه آرامش‌گر . . .

با کران این شراره‌ها ،

نهاده مژده‌ها!»

گورکن ــ دزد نگین و مرده‌ریگ ،

نشسته برهنه بر خاکستر —

در گوش‌های رایگان ـ هر صبح‌دم،

از «دوستت دارم»

نیرنگ‌وسوگ‌نامه‌خوان ؛

تا مغز ،

زخم‌های

استـ ـخوان‌نشان . . —

جان‌باخته دل‌آوران ،

سوختِ

دهان دوزخی او.

۱۱تیر ۱۴۰۰

«هرچیز در برابر وامپیر   سودمند می‌گذرد
مرغ گلوشکافتهٔ زرد
در این جهان درد
پیش خیال او پر می‌زند.»

«وامپیر» نیما، اسفند ۱۳۱۹

(سروش ۱۲: نیمروز)

«میدان انتحار»

اربابِ گوشت‌خوار
بال‌گشوده — سیاه‌پر،
بر لب پگاه، شکفته‌پیکار –
پاسدارِ مرده‌آتش و گماشته با گدازه‌ها –
در تبِ رجز :
« روز نزدیك است . . .
معصومِ من – نیز – خواست آمدن !
برپای‌داشت جشن از کوره‌های تن ،
تیغ از میان کشیده و خواهد –
بریّده بال‌وپر آرزوی آدمی ،
مانده یگانه با تهی ،
با انزوای خویشتن . . ! »

زان‌پس
گداخته جیوهٔ حرارت‌سنج ،
در چشم‌ها – شیفته–نژند،
تنورِ «آینده‌سوختن»
پیمان‌سپار دیو –
بدن‌های مانده تا «ظهور» را شماره می‌کند .
وابنهد تاب ،
«شور» گذارد، «شهوت خون» چاشنیِ گلهٔ آتش . . .
موج انفجار می‌شکند پنجره‌پنجره
خانه‌خواب‌های مسلمان؛ –
انتحار کلاهك مطهر رویین‌تن :
پروازِ مشتعل ، کباب فرشته ،
بنفشه‌پیکر – در میدان.

۱۲اردیبهشت ۱۴۰۰

(سروش ۱۳: سبزدرسبز)

«تاك»

سرت بر شانه‌های من - غریبه - سنگین بود.

باردار ، بر ساقهٔ شکننده،
دیرباز مانده استوار . . ؛
تا قیام کودکان
سلحشور
- سربریده‌یاقوتت -
بآغوش بی‌کرانه
اقیانوس
(فراموشی)
سپارشم کند.

«نفت»

من خشم را بالاسرِ
تو
- مردمِ غارت نشانده‌برکمان! -
با چشم داشته . . ،
دیگر از سپرده‌شیردان‌به‌اژدها،
پاسدارِ مرده‌آتش‌ودروغ -
شرنگ ،
نخواهم باریده -
بر بازماندهٔ تنم !

۱۷اردیبهشت ۱۴۰۰

(سروش ۱۴: قفل رومی)

«قفل روسی»

زآرایش در هم‌تنیده بازوانِ سرد فلزّین –
باران ظهر
– تیر آتش‌خوار – بر شانه‌ها
زره‌پوش–آینه‌اندام :
محبوسان ، –
پیکان‌های نور افراشته ،
درخشان ،
تا بازِ روشنا (خواسته)
تاریك گرگ‌خانه چشمِ زندان‌بان.

بازچشانده
عروس شعبده
از گلوی نوجوان، پگاه هزارآهنگ،
خون
با لبان نوزادان ؛
کجا رها کند ستم‌پذیر جان مگر ،
شکسته نیزه‌ها، و غم
نشسته بر تکیده
است – خوان من!

۳۰خرداد ۱۴۰۰

(سروش ۱۵: سروستان)

«بدرودِ کیخسرو»

ــ با «من» چه بگویم   در هواپیمای بازگشت؟

چه قلب خویش بارها
به نقره‌پنجه‌های قاصدانِ خشمگینِ آسمان سپرده‌ام . . .

ــ از زخم کهنه   ـ تازه‌تازه ـ   خون‌ریزی!

و در میان ابرها

از ترانه   ساده‌رسولان زمینی   ـ کودکان نیزارهای حرّان

کودکان بیابان‌های نمك

کودکان جنگ با «غذا»

پیام‌گذاران، غارزادهٔ میان‌رودان ،
اسکیزو،

دوگانه‌سوز،

نفط‌ـمردارخوار   خویشتن‌خدا ــ؛

پاره‌پاره قلبِ نقره‌گون.

ــ با من چه گفت خواهم در هوای بازگشت؟

در دلم،

همچو ژرفا دلِ زمین ــ

آرزو

مذاب می‌دود،

زبانه‌های آتشین،

خیال‌های جیوه‌گون.

چشم باز می‌کنم،

اندکی دگر، خمیده‌ام.

(سروش۱۶: سروسهی)

«تنِ تن‌ها»

بیهوده‌شرمسار
چندین هزارساله سرو
دارو گر ،
در دشت‌ها از آذرخش‌سوخته
تاج بر سر آتش‌پاش –
برداشته بر بریان‌شانه
تابوت اورنگ ،
با لب نهاده
سوگ، مژده‌پیموده ؛
غم‌تاش و هم‌سرود
شاخه‌ها درخشانــش :

«بس روزگار شد گریستم
سواران را ،
قربانیان سرخوش ،
بی‌شماره شوربخت ،
دلیرانِ سرگردان –
که‌از داد-آر آسمان
نه دگر بهره
جز غبار ،
مگر خاکستر. »

۲۰تیر۱۴۰۰

پتیاره دهان من بود ،

من

تو را ساختم برهنه‌بدن . چند بسیار برگ فراخ ـ

چشمهٔ نور

باز پوشیدن.

(سروش ۱۷: نوشین‌باده)

«میهمانی شام اقلیت»

ما از میان خوداممان می‌نوشیم

ـ شراب می‌نوشیم، خون می‌نوشیم ـ

من از خون خودهامان، خودمانی هستم ـ

تلخ از شرّ ـ آب خودمان هستم.

راستی . . .،

هنوز هم جرأت نمی‌کنیم هرگز به استالین‌گراد،

به مسکو، به لنین‌گراد،

فکرِ حمله کنیـــم!

ما در خیال دور...دست‌ها،

دست می‌بریم به تن‌هامان،

نوازش به تفنگ،

به کاسه خالی نگاه.

ـ من، کشکول و تبرزین می‌برم برلین،
قوه از فاشیست می‌گیرم، آهنگر هستم،
به شاه حمله می‌کنم.

ـ من، کاسه و دستار می‌برم پاریس، خرقه از گـُلیست می‌گیرم
ـ زرنگ هستم ـ به شاه حمله می‌کنم.
ـ بنده می‌برم دی.سی، می‌برم لندن، بوسه از اینترنشنالیست می‌گیرم،
به نئولیبرالیسم، به نئوامپریالیسم حمله می‌کنم! ـ چپرنگ هستم ـ

[همخوان] «می‌رویم لنین‌گراد، استالین‌گراد، پوتین‌گراد،
شکرانه می‌بریم،
قلب انقلاب را می‌آوریم!»

ـ نه جانم! ما شاهدبازی نمی‌کنیم!
رهبران ما شاهدباز نیستند! «ما» هم نه‌شاهدیم.

ـ هرگز آقا، نه‌خیر، قائم‌مقام «روسوفیل» نبوده است، این حرفها کدام است، میرزا تقی‌خان ایران‌پرست بود، کجا شیفتهٔ پول و پطرزبورغ بوده است؛ شیخ معدوم، سید مقتول، اتابك مرحوم، هیچ‌یك، چی‌چی فیل نبوده‌اند. اشتباه به عرض رسانده‌اند،

تاریخ ما نیست تاریخِ بچّه‌بازی؛ صرفا جبّاری‌ست!

ـ البته . . . درست است، حق با شماست، جبر ارباب متعالی و جناب‌عالی!

***

این‌بار، «من» فرزندِ خیابان‌ها هستم ـ خیابانی‌ام!

فرزندِ سطلِ آشغال‌ها، سرنگ‌های شبانه،

زادهٔ دوا هستم ـ دواچی‌ام.

۲۹شهریور ۱۴۰۰

(سروش۱۸: رامش جان)

«کین شیرین»

در فروکش امواج بلند همهمه ،
تنم اقیانوسی است توفان‌زده
و بی‌شمار دل ــ
سفینه‌های آرزو،
بادبان‌شکسته، با گل نشست
ـ یادگار توست ؛

در فروکش امواج همهمه
جانم از جنون مهربان بی‌دریغ تو
پر شکوفه‌های یاد می‌شود ،
داغدار باز می‌شوند ــ
در سرای باغِ باغبان‌ش سوخته.

در فروکش امواج ،
بازمانده لبخند تو
بر رنج ماسهٔ ساحل ،
حافظهٔ پوست
گر گرفته ــ
می‌سوزد.

۴فروردین ۱۴۰۰

(سروش۱۹: سازِ نو ـ روز)

«بربط/باربد»

ما خسروانه در میان باغ چه ،

رخساره زرد و زار در لجن –

شاهِ اسپرغم ، بس آزموده، دیده‌ایم :

پرواز چلچله در گله‌های ابر

زندانیان پنجره را داده پَر امید !

وُ او – نیرنگ‌پوش پرنیان

ارباب آذرخش

«وای» سیاه‌پر ،

بزرگ‌فریب‌آور و فریبنده –؛

با چلچله پیوست خشك پروازِ خاکستر ،

با سوختهٔ ـِمردمانِ دیده‌ها

روا ـ گذارده

اصطخر، پرجنازهٔ شهپر !

اکنون ، با سر نهاده بانگ –

ایزد ـ سروش «ساز»،

آهنگ‌بان

دستان‌سرود

نواپیکر – ،

پرتابه «هول» از نهانِ پرده‌های خون ،

نایـژگان ـ بریده ـ پی

پنجه ـ بریده ـ بند ،

تا باز آفتاب بار گذارد –

از بازسوختن **«آغاز»**

زاربابِ غم‌سرشت **«داد»**

درخواست می‌کند.

۳تیر ۱۴۰۰

(سروش ۲۰: مشکویه)

«نبرد اشباح»

شما
از بوسه
بر دستهٔ ساتور جلاد
و کلاهك فالوس‌های بالستیك ؛
از هم‌آغوشی با خطوط جادوی الکترومغناطیسی
و از سینهٔ «من»
گلِ واژه، «دوستت‌دارم»
برنمی‌داری! . .
شما، آشیان‌پایید ،
همچنان‌که جانبازان و عقاب‌های قلاع اسماعیلی
با خنجر و چنگال‌هایی منقش به نام‌های قربانیان با زهر؛ –
تا شکافتن رگ‌های آراسته‌ترین قلب –
خون قربانی کاریزهای خشك تنت را غرقاب می‌کند .

– وقتی تو همچون عروسی نوباوه
در آغوش زبانی بیگانه
در رهایی‌ای کودکانه از هوش رفته‌ای –

من در میان باغچه ،
در کنار و بوس غنچه‌های نوزبان، جام جم نهفته در دهان نسترن،
بلندجامه، راهِ آفتاب زن –
آخرین نمایش پایکوبی باستان را تماشا می‌کنم :
تن‌ات
در دیس ترکه‌های آتش‌پیموده ،
در میان سایه‌ها ،
غبارین پیکر.

۷فروردین ۱۴۰۰

(سروش ۲۱: مهرگانی)

«دو تن من»

ـ برای نازنین ـ

زمزمه . . .

ـ به نغمه بازوان گشوده یار ،

خروشِ دورمست ،

رایش و رهایش روان ـ

از حصار خاطره

غرش‌آوران

وارهانده . . .

بر سفینه، بال‌بادبان‌شکسته‌ها نشانده ـ . . خال دل

تا «شیان» داد . . ،

آسمانۀ دژ درختی خیال

ـ رشته‌رشته آرزو

برشتـــه باغ

آذرخش‌دل گله‌های ابر ـ

سرشت نوجوان گداخته ،

نازآبشار ـ

گیسوان دوست چشمه‌های نور

باردارِ نگاه اوست ـ

ریسمان :

نوشکفته

پنجه‌های نورس گناه‌کار من!

خون‌بها :

سرزمین و

یاد و

خانه‌ام.

۶مرداد ۱۴۰۰

(سروش۲۲: مروای نیک)

«مرا گریه کن... ابر و باد!»

«ای بهاران، باش‌گاه خجسته نگاران !
ای ربایندهٔ هوش یاران ! . .
این زمان شاخه‌هایت شکسته ،
سوخته غنچه‌ها دسته‌دسته ،
باغبان چشم با ابر بسته ،
داغ باران به دل‌ها نشسته .
ای بهاران ،
پس چه شد عهدِ دیدارِ جانان؟»

. . . چکیده
چشمهٔ سیاه قلب عطارد، از قرنیه‌های متورم -
بر جناحِ لوحِ برهنه
لخته‌لخته، شوم . . زغالین،
پاره‌های جانِ خوش‌نویس ،
یادگار ؛
سرنوشت باغ در میان روشنایِ تار.

او —
«قلم» ، پیشه از چه کرده است ؟ . .
جنگِ ماه و آفتاب را
- با چه -
بر قلمروِ
برکه‌های کهکشان‌نشان
«نقر» کنده ،
وَ اندیشه می‌کند؟!

۱۵اردیبهشت ۱۴۰۰

(سروش ۲۳: شبدیز)

«سوگنامهٔ همایونی در مصیبت جـ ـیران»

تو آواره‌ام کردی!
من تو را،
ـ قنات‌ها، آبگینه ـ دشت‌های جان‌گوار!
کوهستان، دژ، عقاب‌ها . . .
ـ رنگین‌کمان تاج بر سرِ گردوبن
سرمست از آواز مرغ عشق‌ها ـ
باغ‌ها ـ بستان‌ها . . !
درّندگان تیره‌روشن تو را،
بازوان مهروماه‌پیکر تو را ـ
دیرگاه بیهده می‌داشتم ارج‌مند،
گرامی.

تو . . . کاشانه‌ام بودی، نفرینِ سرزمین‌وخانه‌ام . . !
اکنون، این زمان بیگانه ،
تنهایی تو ، زهرِ مردمك آزرده‌کودکان
دست‌مال خیالِ کج (برخاسته از فلج)
رند، «زیارت‌نامه‌خوان»،
ـ دزدیده‌چشم زیر عینك دودی‌ست سالیان،
شکارچی ـ ،
افتاده ، می‌لرزد . . .
نفرین «آرزو و روشنان» ـ با من ـ
جانورانِ دل، خون‌ریز،
آویخته از دندانه‌های آب‌رنگ تو ـ
کاشانه، بال شاپرك، منتشر- خاکستر.

۱۹اردیبهشت ۱۴۰۰

(سروش ۲۴: شبِ فرخ)

«مهر نیمه‌جان»

گفتی: من فرزند سدهٔ دیگری هستم،
در مراسمی تازه با زبان و انگشتانم
خود را به خواب دیگری می‌سپارم ؛
- به آن می‌گویی : «آ- دین به‌خواب‌سپاری من، هرشب
خودم- گوشی‌ام- با شما!»

گفتم: «خوشا. . . موسمی جوان، نوشگرف روی و رنگ
روشنان.»

اما من مومیاییِ ضربانم، می‌لرزم . . ،

می‌لرزی، می‌افتی؛ می‌لرزانم -

(می‌خندم: هه . . . هه . . هه . . .)
من ضَـــرِ بانَـ . . .ـم !

قطعه قطعه شد . . نشنیدم، می‌گفتی :

« آیا من ورژن تازه‌ای از من هستم؟!»

- چه گفتی؟ من «چه» هستم؟ جن؟ ژنی؟ . .

(هه . . هه... هه... می‌خندم) پس من هـَ هَـ هـَ ـم
- لَکنت دارم؟! چه؟ عه . . !
دوباره قط؟ قطعشد؟
«جانم، من هم . . . نه، هنوز هـَ هَـ . . .هسـ . . ـتم.»

- دلِ من اسیرِ عجوزه‌ایست بی‌سن‌وقامت؟

. . . که شادمان با هزار داماد ، یك زندان‌بان، هر پگاه،

گیسوان عروس کرده است . . ؟!

گفتم: «آیا زمان، در برابر شکنجه - باز می‌ماند؟»

بعد گفتم که فرزند امام دیگری هستم ،
نه مغز استخوان مردم نوش،
نه خردکش، خوشی‌ستیز ،
نه پیرمرد خون‌پیشه .

و می‌گفتم :

«هرجا گریختم از او ، رسیده‌ام با من!»

(هـ هـ هـ . . . می‌خندم) : - من هم می‌میرم برای تو
تهِ زندانم!

- چه گفتی؟ من متهم به دفاع از «چه» بیش از حد هستم؟

از «کلمات»م؟ هـَ هـَ هـَـ . . . بیش از حد -

«من» کلماتم!

باز گفتم «لعنت به...، نه... نه به تنت، می‌گم «لعنت به نت!»، می‌شنوی؟
چی شدی؟ شدی؟... الو؟ عزیزم . . . .»

۲۸شهریور۱۴۰۰

(سروش ۲۵: فرخ‌روز)

«آیین مهرویان»

درست است:

«هر چه سخت، سخت‌تر، دود می‌شود،

می‌رود هوا !»

- حتی «مهر» ؟

درست است:

هرچه فراموش می‌شود، حتی من.

***

بوسه‌ها ،
برهنه گلوله‌ها باران ،
و گونه‌های سرخ؛ حتی تو!

خدنگ‌های آتشین،

گُل و گلوی سوخته،

سورِ شام ، شبیخونِ بامداد . . .

حتی من !

و ابر - یار من که بود ،

نامه‌بر ،

خندهٔ سیاه تلخ می‌شود -

نامه‌های شسته ؛

حتی تو!

درست است منفجر می‌شود دهان،

جنون شکوفه می‌دهد،

حتی من.

و سرو سرفراز ،
سرنگون

حتی من !

۵ مهر ۱۴۰۰

«همه صحرا به‌جای سبزه و گل ـ

غول در غول بود

و غل در غل.»

(گنبدفیروزه، هفت‌پیکر)

(سروش ۲۶: غنچهٔ کبک دری)

«دشت دیوان»

من نصیب برده‌ام از ابر باردار ،   چه؟
سر سپرده‌ام به بارگاه تندبادها   چه؟
از نیستی، تهی، به دنیا «تو» آمدم – چه؟

***

از پگاه خون،
از دهانِ خرابِ بازِ تیسفون ،
از میان تارهای عنکبوت (بافته بر لبان من)
ـ جان‌پناهِ اژدها و شبِ سیَه ـ
نگاه می‌کنم تو را هنوز ،
ناسزانهاد، گورزاد ! –

در گلوی من بالِ صدهزار چلچله شکسته است
غنچه‌های سرخ‌گلَ (واژگون) پنجه بسته است؛
مژده‌خوانِ غم در میانِ خون نشسته است.

این‌زمان   رستخیز دربرابرست :
جوخه‌های بازیِ جان – جوخه‌های جانِ باخته :
خشک تالاب‌ها
قلب‌ها .
جوخه‌های ترکِ اجباری وطن.
بی‌گمان تو را سروده‌ام :
جلگه‌های تو در اجاق نفتی تموز،
تن تو (سوخته‌خیال‌و‌آرزو)،
خارزار.

آدینه۲۶شهریور۱۴۰۰

فرموده‌اند: «ستارهٔ پرندهٔ شش‌پر -

در رخت‌خواب ماست،

رخنه کرده است!»

(سروش ۲۷: نخچیرگان)

«خویشتن‌رامی»

دیری‌ست هر شبه «کژدست» - دروغین، ولیّ راهزن ،
کیف‌کش اربابِ پلید اژدهاپرور -
بر چهارپایهٔ روسی نشسته بر اورنگ ،
عروسان خاورمیانه را
با موش‌موشك‌های تناسلی
و لوبریکنت‌های خمیری آتش‌زا ،
شکنجه کرده است.
پس دیوانه‌یـــار - از هیکل سلیمان
بر پای داشته غبارباروی و نردبان‌ش
از استخوان‌سپید مردمان -
گله‌های انتحار
- از نفت خوی‌وتن،
کنیز - برده،
میزبان بزم‌های رذالتوُ رجالتی
افزارافسران جنگ‌های نرم -
با باغ‌های آسمان سپار :
پروانه‌های خون ،
همرهان شباهنگ؛
خردِ روشنانـــشکار !

۲۵تیر ۱۴۰۰

(سروش۲۸: کین سیاوش)

«روایت فتح»

۱. پیکرت   در مرداب،

گلوله‌خورده   ـ رایگان ـ غواصان آزادی!

مفقود شناوری.

۲. من ،

در خیابان راهپیمایی‌ها،

از چادر بیگانه به خیمهٔ سیاه پناهنده؛

زندانیِ صدا :   فوارهٔ تنت

ـ پوستخنده‌های جنون‌آمیز ،

رها ،

دروغ‌آکند ـ

از بلندگوی انقلاب و جنگ و مرگ و عشق بنیان‌گذار،

جان را به لرزه آورده.

۳. بال‌گشاید بغض شاپرك روزوشب در گلو.

❊

اکنون

با تنِ سیاهِ تو بازگـردیم، ای پریِ سوخته .

باز هم نوجوانه‌های شور سوی دامگاه، رویش‌آوران،

ـ برخاسته حباب قرمز از زخم‌های ناپدید پیکرت،

از آب‌های فرمایش ، در نغمه‌های آفتاب رزم‌نمایش،

سوی رقص با فرشتگان . . . ـ ،

جان‌سپار و رام،

تا کدام‌یك طلسمِ گم شده،

از تو بازمی‌کند؛

کبریت می‌افروزم، بر دیواره‌های پالایشگاه «امام» در نماز ـ

انگشت آتشین در برکه یقین، واژگون :

خون نوجوان،

«امام»،

تبله‌کرده پوستت ـ وَ سوختن!

۳۰فروردین ۱۴۰۰

«چو کردی **کین ایرج** را سرآغاز
جهان را کین ایرج نو شدی باز.»

(سروش۲۹: کین ایرج)

«وقت کِیِ‌مغان»

پیش تو –
گریخته‌از‌تاریخ ،
هذیان زبانِ گرمِ قافیه‌ریست ،
تـن‌پـوشال !
خون‌تشنه، از کین ساخته گلت –
در آرزوی بی‌شمـــار رگ ،
نوباوگانِ ستایش‌گر . . ؛
خام است خضر سبز –
دامادِ جادو،
سیاه‌پیشه است
و نگون‌بخت.

تا تو
سوارمستِ‌عربده ،
خویش‌کامه
بر اورنگ یادگار –
در خان جان نشانده سوزن پرگار ،
چرخ روزگار
«فکان قاب قوسین...» تا ژرفنای آتش‌بار –
بازی گرفته‌درمیان ؛
اوراق سوخته،
می‌بایدم سپرد با چشمه‌های تاریك،
با روشنان درسپوخته.

۲خرداد ۱۴۰۰

سروش سی ام

«باغ شیرین»

۱. «گل یخ»، بهار مسعود

۲. «پیام‌بر دیوانه»، تابستان عبّاس

۳. «شهر فرنگ»، خزان ابراهیم

۴. «سرمای پیره‌زن» ، دب اصغر

(باغ شیرین ـ بهار مسعود)

«گل یخ»

در شب گذارشِ روشنان ،
پی‌سپوخته به‌آسمان -
از دهان ساعتِ ساعت‌میدان،
جوخه‌های سرب بیرون ریخت.

ماکیان‌ها، سیاهپوش،
نرمه‌هـــای جمجمه، جوجگان نارسیده،
پیشکش‌نهاده با شبستان‌فروز **«نور مصطفی»**
یگانه‌ستون ، همچو نخل،
جاودانه‌نفتسوزواستخوان .

سپاهیان ،
بیرق مشکی با نشانِ خون ،
تاج بریده یادگار از بامداد خروس‌خوان -
افراشته ؛
منطق پرنده، بالِ بریده، در بخارهای سرخ و
غبار خاکستری ارتجاع،
از چوبه‌های دار،
آویخته مانـــدگار . . .
کودکان لال، دشت‌های لاله‌باژگون . . .
ناگهان نبرد تحمیلی برادران کور ، پیمان: جنون خون،
پیمانه مست،
پیمان‌نشسته مست،
پیمان‌گذار دیو.

*

از رازهای ماست،
کی رودبار عیاران
به‌هنگام، برخاست خواهد تند و پرشتاب،
به رفتار سنگ، خشمگین‌روان،
روبد و اوبارد این بستر خراب . . .

۱۵مرداد۱۴۰۰

تا آدمی نزداید از دل خیال پوچ
شایستهٔ نیاز نگردد . . .

(ناقوس)

(باغ شیرین: تابستان عباس)

«پیام‌برِ دیوانه»

بوی یوسف از کوچه‌باغ‌ها،
بوی سیاهچال‌های برادران،
بوی گورهای دسته‌های خویشاوند.
بوی خرابه‌های جنون مقدس،
ویرانه‌های شام،
بامیان، ایوان تیسفون،
فواره‌های خون،
از هم پاشیده،
قندهار، حلب، طرطوس . . . ؛
بوی پیراهن آویخته از دروازه‌های باژگون –
به دشتان گرگ ماده آلوده.

بوی
جواهر سیاه
از چاله‌ی دهان سردار –
سپاهی، عقیدتی،
استاد، دانشیار، آموزگار،
کودکان تازه‌بالغ تفنگدار، –
آذرنگ‌تاب :
جنین‌های جنگ،
کابل، صنعا، بصره، دمشق،
بیروت،
میدان مشق مرگ.

۲۵مرداد۱۴۰۰

تو می‌آیی ، می‌رسی ، می‌جوییم‌ام ،

اما

آن‌زمانی که نمی‌یابی مرا اینجا!

(نیما)

(باغ شیرین: خزان ابراهیم)

«شهر فرنگ»

سرورم ،
محبوب هفت‌سر، هفتادپیشه، هفت هزاره پیکر من !
تو باغبان،
چه باغ را به سرنوشت دوزخی کشانده است؟
تو ساربان،
چه کاروان به رهزنان دوره‌گرد،
حرامیان خودستا، رسانده است؟
تو راه‌بر ،
چه رهروان به کوره‌کوره‌های غم نشانده است!
تو بت‌شکن چه بت‌شکن،
بت بزرگ من تویی!

چگونه بادبان شکسته شد، ببین!
چگونه داد و دادخانه را فروشکسته‌ای،
ببین!
چگونه یاد را به خامه
یادگار را به سینه بسته‌ام، ببین!

تو را به کامه اژدهاوشت،
تو را به خون‌ستا سرشت تو،
به ناروا بریده‌پی سیاوشان،
به ناسزا ستایشت -
سپارشی مرا به شوره‌زار حافظه . . .
رهایشی مرا مگر.

۲۸مرداد ۱۴۰۰

(باغ شیرین: دبّ اصغر)

«سرمای پیره‌زن»

غروب کلاغ،
طبل و سنج سوگ –
دسته‌های اشکبار ، شام غریبان.
دسته‌های داغدار ، سرکوفته، سرگردان،
با نماز مرگ ایستاده،
«خویش» را به خواندن آدمی :

«دگر نخواهمت شناخت
بی‌شماره نقش‌باز، رنگارنگ،
یاد گوهران فروش،
دزد یادگارها !»
پاسداران شب ـ یاد زندگی
یادِ شادمانیِ ـ دل‌سپردگی ،
یادِ سرناسپردگی ـ
دوزخی‌نهاد، روضهٔ بهشت خوان ؛
صاحب زمان،
ولی آرزودریدگان، نفتخوار وُ نوزادان،
اژیدهاک‌خوی، نشئهٔ بخار جنون ، بر ایوان خسروان!

در میان این کران و آن کرانه **«من»،**
جوانهٔ نهان، جاو دانه گداز پوشیده در دل کاریزان،
و در برابرم هفت جعبهٔ جادو،
نقش و نگار کوب – هفت‌پیکر، هفت‌روی :
شنبهٔ کبود،
یك. زر، دو. سبز ماهگون
سه. انقلاب ـ اعدام ـ جنگ ـ خون
چهارشنبه. پیروز نیزهٔ دبیر –
دیگر جنون هورمزد، وآدینهٔ سپید،
بامداد آرزو، سرانجام غم ! –
شعبدهٔ آشکار، جادوی سوخته.

وقت رست و خیز خستگان رسیده است !

۳شهریور ۱۴۰۰

پیوست نخست.

«باربد»

نوشتهٔ رضازاده شفق

(منتشر شده در «ایرانشهر» شماره ۱و۲ ، سوم دیماه ۱۳۰۳)

«باربد»

(رضازادۀ شفق، ایرانشهر، سال سوم، دی۱۳۰۳، شماره ۱و۲)

یکی از نام‌های ایرانی که در جهان موسیقی بسی شهرت دارد، باربد است. باربد به‌قول بعضی‌ها در نیشابور ، و به قول دیگران در مرو و به عقیدۀ برخی در جهرم فارس[1] تولد یافته و در زمان سلطنت خسروپرویز(۶۲۸ ــ ۵۹۰) زندگانی نموده است. برای محل آخری در شاهنامه نیز اشارتی هست. چنانکه گوید:

«ز جهرم بیام سوی تیسفون   پر از آب مژگان و دل پر ز خون».[2]

کلمۀ «باربد» از طرف قسمتی بزرگ از نویسندگان ایران با «فتح» خوانده شده و کتب و تواریخ عربی نز که آن را در شکل «بهلبذ، فهلبذ، فهربذ و فهلوذ»[3] نوشته‌اند نیز با فتح خوانده‌اند. علمای مغرب‌زمین نیز بسیاری مانند کازیمیرسکی در دیوان منوچهری[4]، براون در تاریخ ادبی، و نلدکه در «فقه اللغه ایرانی» و دیگران[5]، آن را با فتح نوشته‌اند.

فردوسی در شاهنامه که از جملۀ قدیمترین کتابهایی است که از باربد سخن می‌راند، نیز مفتوح خوانده و با کلمۀ «بَد» تقفیه می‌کند و می گوید:

«کسی را نبد بر درش کار بد   ز درگاهش آگاه شد باربد»

[1] Barbud, Iranische Namenbuch, Justi ، «المحاسن و الاضداد»، جاحظ، چاپ لیدن ص۳۵۹، «برهان قاطع» ابن خلف تبریزی، فرهنگ جهانگیری، جمال‌الدین حسین

[2] «شاهنامه» چاپ پاریس، ج۷ ص۲۸۷

[3] شکل معرب باربد است. ولی به اغلب احتمال زبان عربی این کلمه را مستقیم از پهلوی گرفته است و چون حرف‌های «ا» و «ه» و «ل» و «ر» در پهلوی به هم شبیهند، در ترجمه عوضی نوشته شده است.

همچنین:

«چو رفتش به نزدیک او باربد   همش کار بد بُد، همش باربد»

شماری دیگر آن را باربُد (با ضمه) تلفظ می‌کنند که مهم‌ترین آنها، یوستی آلمانی است که در کتاب «نام‌های ایرانی» آن را در شکل «باربود» می‌نویسد. و همچنین هامر در اثر فوق‌الذکر خود و نیز در سالنامه‌های ادبیات و نیز مولف «قابوس ترجمه حیات شرقی» و همچنین گیب در «تاریخ ادبیات عثمانی»[6] و امثال اینها.

از کتاب‌های فارسی «برهان قاطع» از ابن خلف تبریزی که در سال ۶۶۲ه.ق تالیف شده، با ضم خوانده است. مرحوم رضاقلی‌خان هدایت در لغت خودش با فتح خوانده و «بارَبَد» را به معنی «بزرگ بار» گرفته است که گویا «باربد» در دربار خسرو به مردم بار حضور نیز می‌داده است. ولی این هم از قبیل اشتقاق‌های معمول نویسندگان ما است.

افسوس میزان ثابتی برای تعیین اعراب این اسم در دست نداریم مگر اینکه به اصول علم السنه، از تاریخ و نمو کلمه خبردار بوده باشیم. مثلا اگر چنانچه گفته‌های یوستی و هامر در تاریخ فوق‌الذکر و «نام‌های ایرانی» که گمان می‌کنند باربد از نام آلت موسیقی موسوم به «باربیتوس» مشتق است و

[4] Kazimirski, Menouchehri, Paris 1887

[5] Browne, A Lit. Hist of Persia, Vol I, p. 14-18 - Barbad, derb bruhmte Sanger. Lit. Des Ostens. Bd 6, S.46 Leipzig 1901

[6] Jahrbucher der Lit. Wien Bd.36 – Beale, An Orient Bio. Dic. London1894 - Gibb. A Hist. of Ottoman Poetry. V I, p.315 London 1900

اختراع آن را به یونانی‌ها اسناد می‌کنند، درست باشد؛ آنگاه البته صحیح‌تر آن است که به کسر «ب» خوانده شود و اینکه خود مدعیان این قول، یعنی یوستی و هامر، آن را مضموم خوانده‌اند، جالب نظر است.

در اینکه آلت معروف موسیقی که یونانی‌ها آن را «باربیتوس» و «باربیتون» گویند و ما «بربط» نامیم، چنان‌که فردوسی در ذکر باربد گوید:

«چو نومید برگشت از آن بارگاه   ابا بربط آمد سوی باغ شاه»

آن‌گاه موجود بوده است، شبهه‌ای نیست؛ ولی حرف سر آن است که آیا «بربط» نشئت‌اش از ایران است یا از یونان؟ و آیا باربد اسم خود را از بربط گرفته است یا عکس آن و یا هیچ‌کدام.

اما «بربط» به‌گفتهٔ نویسندگان اسلام و اغلبی از مولفین اروپا، به‌اغلب احتمال، اختراعش از ایران است[7]. و آن آلتی است مرکب از یک دستهٔ مربوط به یک کاسه شبیه به کمانچهٔ امروزی معمول در ایران. مگر اینکه شمارهٔ تارهای آن زیادتر بوده و حتی گویا تا دوازده می‌رسیده. و آن را با کمان (آرشه) می‌زده‌اند و بعد، یونانی‌ها با مضراب یا دست مانند تار امروز، می‌زده‌اند. از شکل یونانی آن نقشی در سنگ در موزهٔ «لوور» پاریس باقی است.

با این همه البته حکم قطعی در موضوع و نشئت کلمه نمی‌توان داد تا شواهد و تفصیلات بهتری به دست آیند. و تنها عقیده‌ای که تا حصول وثایق تازه می‌توان داشت این است که بنا به اغلب احتمال، بربط یک ساز ایرانی است و شاید این اسم را بعد از استعمال آن به‌واسطهٔ باربد گرفته باشد. درهر صورت نباید این شباهت دو کلمه و مناسبت آنها اتفاقی باشد.

باربد نیز مانند شمارهٔ بزرگی از هنرمندان قدیم ایران در هنر خویش کامل و جامع بوده یعنی هم شاعر و هم نغمه‌پرداز (یا با اصطلاح امروزین کومپوزیتور) و هم نغمه‌خوان و بالاتر از همهٔ اینها نغمه‌زن بوده است. استعداد ذوفنونی او را آشکارتر از دیگران، زکریای قزوینی، متولد اواخر قرن ششم هجری، در کتاب «آثار البلاد» آورده است که ترجمهٔ عبارت او این است: «ایرانیان چنین پنداشتندی که در میان آنها ده تن هستند که نظیر آنها در هیچ صنف پیدا نگردد. [تا گوید] و هشتم آنها باربد (بهلبذ) خواننده است که در غنا بر همه برتری داشت و خوانندهٔ خسروپرویز بود. هرگاه کسی می‌خواست کاری به پیشگاه پرویز عرضه دارد و از خشم او بیم داشت، پس حاجت پیش باربد می‌برد و بر او بخشش می‌داد تا اینکه او برای آن شعری و آوازی ساخته، دربرابر شاه می‌خواند و شاه از کار آگاه می‌گشت . . . »[8]

[7] از اغلب محررین اسلامی در این باب، در مقاله‌ای که آقای میرزا محمدعلی خان تربیت راجع به «بربط» در شماره ۱۵ سال ۱۹۲۱ روزنامه «شمس» منطبعه استانبول نشر کرده‌اند، اسم برده شده است و از محررین اروپایی رجوع شود به آثار ذیل که جمله بر آنند که «بربط» را ایرانی‌ها و بلکه خود باربد اختراع کرده‌اند:

Beale. An Orient Dict of Bio London 1894 – Ency Br V III p. e387 - Uinversal Lexion der Tonkunst, Dresden 1856 p. 334 - Musikalisches Konversations Lexion, Berlin 1870 (Barbet) etx.

[8] «آثارالبلاد»، چاپ وستنفلد، ص ۱۵۵

ولی محمد عوفی در «لباب‌الالباب» خود که در اوایل قرن هفتم هجری نوشته است، اشعار باربد را از وزن و قافیت و غیره محروم می‌شمارد.[۹] تاثیر و نفوذ هنروری باربد در دربار خسروپرویز معروف است و از این نقطه‌نظر، پروفسور براون حق دارد که او را با رودکی مقایسه نموده است.[۱۰] چه رودکی نیز در دربار سامانیان به‌واسطهٔ شعر و رود خود اجرای نفوذ می‌نموده است، چنانکه حکایت قصیدهٔ «یاد جوی مولیان آید همی . . . الخ» مشهور است.

از قصه‌های شیرینی که تاثیر نغمه و سخنان باربد، درواقع اهمیت ادبیات و موسیقی را در دربار خسروان ایران نشان می‌دهد آن است که خسرو به‌واسطهٔ علاقهٔ زیادی که نسبت به اسب خود «شبدیز»، داشت، بر خود فرض کرده بود که هرکه خبر مرگ آن آسب را بر وی بیاورد، زجر و آزار کند. و آنگاه که شبدیز مرد، مردم دربار چاره‌ای جز این ندیدند که باز پناه پیش باربد برده باشند. وی نیز آوازه‌ای و شعری ساخت و روزی در حضور خسرو بخواند و در آن ضمن چنین گفت که «شبدیز روی زمین اوفتاد و دست و پای خود را دراز کشید و دیگر جنبشی ننمود». شاه سراسیمه گشت و یکباره گفت: «وای! مگر شبدیز مرده است؟» باربد جواب داد که خود شاه چنین فرماید! و با این طرز حیله و تاثیر آواز از آزار رست.

[۹] «لباب‌الالباب» چاپ لیدن ج۱ ص۳۰

[۱۰] «روزنامهٔ انجمن همایونی آسیایی» ۱۸۹۹

این حکایت را یاقوت حموی که در نصف اخیر قرن هفتم زیست می‌کرده در کتاب خود آورده و شعری نیز در این مضمون از خالد بن الفیاض نقل کرده.[۱۱] هم‌چنین، قزوینی، در تحت کلمهٔ «قصر شیرین» این مآل را گوید: «ایرانیان گویند که پرویز سه چیز داشت که هیچ پادشاه را میسر نبود، خواه پیش از او و خواه بعد از او و آن سه عبارت بودند از اسبش شبدیز، جاریه‌اش شیرین و ساززن‌اش باربد». هم‌چنین همان مولف گوید که خلاصه و ترجمهٔ مفهوم آن این است: «پرویز فرمان داد که باغی که دو فرسنگ در دو فرسنگ باشد، برای او بسازند. کارگران مدت هفت سال به ساختن آن پرداختند تا به انجام رسانیدند آنگاه به باربد گفتند شاه را از انجام عمل خبردار سازد. پس وی آوازه‌ای ساخت و در آن آوازه، باغ را «باغ نخچیران» نام داده و پیش ملک برخواند... الخ». «روزی شاه مست شده و در حال مستی به شیرین گفت از من حاجتی خواه که برآورم، گفت خواهم که در این بستان دو آبراهه از سنگ سازی. شاه بعد وعدهٔ خود را فراموش نمود، پس شیرین از باربد درخواست نمود که وعدهٔ ملک را بر او به خاطر آورد. باربد آوازه‌ای ساخت و خواند و شاه یادش افتاد... »

حکایت فوق را، همدانی، که در اواخر قرن سیم هجری وفات کرده است نیز آورده و چون قریب سه قرن از قزوینی به باربد نزدیک‌تر است، پس خبرش مهم‌تر است و شاید قزوینی از او نقل کرده باشد. به‌قول این مولف،

[۱۱] «معجم‌البلدان» چاپ ونستفلد ج۳ ص۲۵۰

شکارگاه بزرگی نیز در همان باغ بوده، و شاید تسمیهٔ «باغ نخچیران» به‌همین جهت بوده است.[۱۲]

از قدیم‌ترین کتاب‌هایی که گذشته از نغمه‌پردازی و نغمه‌زنی نیز اسناد شاعری به باربد داده است، کتاب «المحاسن و الاضداد» تالیف جاحظ بصری است که وفاتش در اوایل نصف ثانی قرن سیم هجری اتفاق افتاده، مولف در ردیف اسم باربد از موسیقی‌شناسان دیگر ایرانی نیز نام می‌برد که امروز جز چند کلمه خبری از آنها نیست. ترجمهٔ گفته‌های او این است: «از جمله کسانی که در پیش شاه می‌خواندند «آفرین» و «خسروانی» و «ماذرستانی» و «باربد» بودند. باربد معروف‌ترین خواننده‌های زمان خسروپرویز بود. و از اهل مرو بود و از آوازه‌های او ستایش پادشاه و حکایت ایام و مجالس و فتوح او بود... روزی نمی‌گذشت که باربد در آن شعری تازه و ضربی تازه نداشته باشد..»[۱۳]

همچنین ابن‌اسحاق فارسی استخری که در اواخر قرن سوم هجری نوشته است، باربد را از بزرگان موسیقی‌شناسان ایران شمرده و در شهرت با برزویه طبیب می‌شمارد.[۱۴]

حکایت نغمه‌پردازی باربد معروف است. حمدالله مستوفی در «تاریخ گزیده» که آن را در نصف اول قرن هشتم هجری تالیف کرده است، گوید: «و باربد مطرب که تا غایت مثل او در این علم نبوده، او را جهت بزم پرویز سیصد و شصت نواست، هر روز یکی گفتی و استادان موسیقی را قول او حجت است.»[۱۵]

در شرح مهارت بربط زدن باربد بهتر از آن نیست که عین عبارت ابوالفرح اسپهانی صاحب کتاب «اغانی» را که در نصف اول قرن چهارم هجری زیست می‌کرد، نقل نماییم. «مولف گوید که اسحق روزی در حضور خلیفه الواثق، در سازی که کوک آن به هم خورده بود نیک زد و آنچه خواننده «ملاحظ» خواند، او درست زد و در مقابل حیرت خلیفه گفت: انما بلغنی ان الفهلبذ ضرب یوما بین یدی کسری فأحسن فحده رجل من حذاق اهل صنعته فترقه حتی قام لبعض شأنه، ثم خالفه الی عوده فشوش بعش اوتاره، فرجع یضرب و هو لایدری و الملوک لا تصلح فی مجالسها العیدان فلم یزل یضرب بذلک العود الفاسد الی ان فرغ ثم قام الی رجله فاخبر الملک بالقصه فامتحن العود فعرف مافیه ثم قال زه و زه و زهان و زه و وصله با الصله. یعنی: شنیدم که روزی باربد در دربار خسرو نیک بنواخت و مردی از آگاهان صنعت، بر وی رشک برد و او را کمین کرد تا وی از کاری برخاست. پس آن مرد در غیاب او ساز او را برگرفت و چند رشتهٔ آن را مشوش کرد. باربد برگشت و بی‌خبر شروع به زدن نمود و چون کوک کردن ساز در حضور شاهان شایسته نباشد، همچنان با آن عود فاسد بزد تا به انجام رسانید سپس سر پا خاست و حکایت را به شاه بازگفت و او عود

[۱۲] «مختصر کتاب البلدان» لیدن ص ۱۵۸

[۱۳] «المحاسن و الاضداد» لیدن ص ۳۴۹

[۱۴] «مسالک الممالک»، اصطخری، لیدن، ۱۸۷۰، ص۳۶۲

[۱۵] «تاریخ گزیده» چاپ لیدن ج۱ ص۱۲۲

را آزمایش کرده و دریافت و گفت زهی آفرین و شاباش بر تو و به وی انعام داد.»[۱۶]

اما از شعرای ایران بسیاری از باربد نام برده‌اند از جمله شریف مجلدی گرگانی است که عروضی سمرقندی که کتابش را در اواخر نصف اول قرن ششم هجری تالیف نموده است[۱۷] و عوفی که در اوایل قرن هفتم نوشته است[۱۸]، در آثار خود این رباعی را از وی نقل می‌نمایند:

«از آن چندان نعیم این‌جهانی　　که ماند آل ساسان و آل سامان
ثنای رودکی ماندست و مدحت　　نوای باربد ماندست و دستان.»

و همچنین منوچهری در قصیدهٔ خوب و معروف خودش که با مطلع «روزی بس خرم است می گیر از بامداد» شروع می‌کند، گوید:

«بلبل باغی به باغ دوش نوایی بزد　　خوب‌تر از باربد، خوب‌تر از بامشاد»

ولی در میان شعرای ایران دو نفر هستند که از باربد زیادتر یاد نموده‌اند که یکی نظامی است که در اواخر قرن ششم یا اوایل قرن هفتم هجری وفات یافته است و دیگری فردوسی طوسی است که شاهنامهٔ خود را در حدود ۴۰۰ هجری تمام نموده است و این هر دو به مناسبت حکایت خسروشیرین از باربد سخن می‌رانند. فردوسی در حکایت معاشقهٔ خسرو و شیرین همواره ساز باربد را مونس و تسلی‌بخش خاطر خسرو قرار می‌دهد. نیز از رقابت میان باربد و موسیقی‌شناس دیگر موسوم به «سرکش» سخن می‌راند. چنانکه

[۱۶] «اغانی» طبع بلاق، ج۵، اخبار اسحق ابن ابراهیم ص ۸۵

[۱۷] «چهار مقاله» چاپ لیدن، ص۲۷

[۱۸] «لباب‌الالباب» چاپ لیدن ج۱ ص۱۳

باربد که از جهرم رو به دربار شاه می‌آمد و سرکش خبردار می‌شود و از مرتبتی که در دربار داشت، اسباب فراهم می‌آورد که باربد را به دربار نپذیرند و می‌گوید:

«نباید که در پیش خسرو شود　　که ما کهنه گردیم او نو شود»

بعد باربد نومید گشته و از باغبان شاه خواهش می‌کند که گاهی که شاه در قصر باغ باشد او را راه دهد تا به باغ اندر شود. روز موعود می‌رسد و باربد پیش از وقت روی درخت سروی رفته و در میان شاخه‌های آن، خود را پنهان می‌سازد تا درموقع:

«یکی نغز دستان بزد بر درخت　　کز آن خیره شد مرد بیداربخت
سرودی به آواز خوش برکشید　　که اکنون تو خوانیش دادآفرید»

بعد در مقام‌های دیگر مانند «پیکار گرد»، «سبزدرسبز» می‌خواند تا شاه امر می‌کند او را بخوانید و می‌گوید:

«دهان و برش پر ز گوهر کنم　　بر این رودسازانش مهتر کنم»

سرکش همی در حیرت و حسرت می‌ماند.

دور نیست که همین حکایت حسد سرکش باشد که ابن قتیبه که در نصف ثانی قرن سیم هجری وفات یافته است و کتاب او از قدیم‌ترین کتاب‌هایی است که از باربد صحبت می‌کند، از یوشت (یوسف) نامی سخن می‌راند که وی باربد را از حسد می‌کشد[۱۹] و ابن عبد ربه که سی و اند سال بعد از ابن

[۱۹] «عیون الاخبار»، کتاب السلطان، طبع بروکلمان ص ۱۲۳ (بروکلمان گوید یوشت همان سرکش فردوسی است، ابن عبد ربه آن را در شکل یوسف می‌نویسد.)

قتیبه می‌زیسته نیز در کتاب «عقد الفرید» که به اغلب احتمال محتویات آن را از ابن قتیبه اقتباس کرده، همین حکایت را مکرر می کند.[۲۰]

اشعار نظامی دربارهٔ باربد نیز خوشایند و موثرند. در اینجا باربد از طرف خسرو، و نکیسا[۲۱] از طرف شیرین، در مجلسی حاضر شده و راز دل عاشق و معشوق را هر یک در نوبه به نغمهٔ مخصوص خود خوانده و می‌زنند، چنانکه گوید:

«نکیسا بر طریقی کان صنم خواست   فروگفت این غزل در پردهٔ راست»

آنگاه باربد:

«عراقی‌وار بانگ از چرخ بگذاشت   به آهنگ عراق این بانگ برداشت»

اهمیت نظامی آن است که اسامی شماری از آوازه‌ها را می‌شمارد و در شعر از آن «سی لحن» نام می‌برد و سه بیت اول آن شعر این است:

«طلب فرمود کردن باربد را   وز درمان‌طلب شد کار خود را
درآمد باربد چون بلبل مست   گرفته بربطی چون آب در دست
ز صد دستان که او را بود دمساز   گزیده کرده سی لحن خوش‌آواز (الخ)»

اسامی این لحن‌ها که آنها را ابن خلف تبریزی در برهان قاطع در زیر کلمهٔ «سی‌لحن» می‌دهد و فلر، مولف «قاموس فارسی و لاتینی» نیز نقل می‌نماید[۲۲] از این قرار است [ن.ش «فهرست» نواها در برهان قاطع در آغاز کتاب].

۲۰ «عقد الفرید»، چاپ مصر، ج۱ ص۱۸۸

۲۱ «خمسه»، «خسروشیرین»، نظامی در تعریف نکیسا چنین شروع می‌نماید: «نکیسا نام مردی بود چنگی» ولی به قول گیپ، در «تاریخ ادبیات عثمانی» جلد اول ص۳۱۵، «شیخی» شاعر عثمانی در خسروشیرین خودش نکیسا را زن به قلم داده.

مگر اینکه بعضی از اینها [لحن‌ها] مانند «آیین جمشید» و «راح روح» و «نوبهاری» و غیره در لغت برهان قاطع بوده و در شعر نظامی نیست و در مقابل اسامی دیگری موجود است مانند «ساز نوروز»، «غنچهٔ کبک دری»، «فرخ‌روز» و غیره و هریک از این آوازها را نظامی در یک بیت گفته است. [ن.ش «سی لحن باربد» نظامی در آغاز کتاب] البته اگر اشارات "نوت" در آن‌وقت معمول بود، امروز می‌توانستیم از مقام این نغمه‌ها خبردار باشیم. درهرصورت، برای ورود و انکشاف یک دورهٔ موسیقی مستقبل در ایران، استعداد بالقوه و حافظهٔ تاریخی موجود است و می‌توانیم باور نماییم که شاه‌پرده‌های موسیقی تازه و زندهٔ ایران آینده که احساسات ملی و ادبی ما را در گوشه‌ها و نغمه‌های بهتر و زنده‌تری تعبیر خواهند نمود، یک تاریخ درازی در پشت سر خواهند داشت. و اگر موسیقی ملی ما به‌واسطهٔ بدبختی‌های پی‌درپی حزن‌انگیز، و به تاثیر خرافات، فراموش شده‌اند؛ وقتی که در نغمه‌های واگنرها و شومن‌های ایرانی حکایت دراز هجران را به ما خواهند گفت و باربدها را دوباره به خاطره‌ها خواهند آورد؛ آن گاه است که ما خواهیم گفت: «بشنو از نی چون حکایت می کند
وز جدایی‌ها شکایت می کند»

برلین، ۱۶ژوئن۱۹۲۴ ــ رضازاده شفق

۲۲ Vullers Persico Latinum 1855

پیوست دوم.

موسیقی و شعر ایران در زمان ساسانیان در گزارش آرتور کریستنسن

«پالیزبان» و «آرایش خورشید» و «ماه ابر کوهان» و «نوشین باده» و «روشن چراغ» و «نوش‌لبینان» و «رامش جان جهان» و غیره.

چون از شعر غیر دینی هیچ باقی نماده است، نمی‌توانیم به‌درستی بدانیم که عروض پهلوی چه بود. با وجود آن شاید علم لغت ایرانی در این امر ما را هدایت کرده و اشاراتی بنماید. در هر حال یقین است که ایرانیان پیش از عهد اسلام، نه قافیه می‌دانستند و نه ارکان.

قدیم‌ترین عروض ایرانی که معلوم است در «اوستا» واقع است. و این ابیات فقط در این‌خصوص با نثر تفاوت دارد که هر مصراع آن از یک عدد معین از هجاها[2] عبارت است و عدد مصاریع که یک قطعه را تشکیل می‌کند نیز معین است.

قدیم‌ترین قسمت «اوستا»، یعنی «گاتا»های زردشت، از چنین ابیات عبارت است که پنج‌گونه بحر است و «هوخشترا»[3] که سه مصراع دارد، و هر مصراع از چهارده هجا (۷و۷) ترکیب است و بحر «سپنتامینو»[4] که چهار مصراع دارد و هر مصراع از یازده هجا (۴و۷) ترکیب یافته؛ و بحر «هونوایتی»[5] که سه مصراع دارد و هر مصراع از شانزده هجا (۷و۹) ترکیب یافته؛ و بحر «اوستوایتی»[6] که پنج مصراع دارد و هر مصراع از یازده هجا (۴و۷) مرکب است؛ و بحر «وهشتویتی»[7] که دو مصراع که هر یک از دوازده هجا (۷و۵) و دو مصراع که هر یک از ۱۹ هجا (۷و۱۲) ترکیب‌شده، دارد.

اما اجزای منظوم «اوستا»ی جدید، ساده‌تر و بی‌تکلف‌تر است، زیراکه در اوستای جدید، غالبا یک بحر موجود است و این بحر از هشت هجا مرکب است (بحر ۱۲هجایی بسیار کم یافت می‌شود)، و تنها نسبت به عدد مصاریع، اختلافی دارد چون‌که یک قطعه گاه از ۳ و گاه از ۴ و گاه از ۵ [مصراع] به عمل آمده است.

این بحر ۸هجایی، اگرچه در قدیم‌ترین اجزای اوستا دیده نمی‌شود، ولی با وجود این، خیلی قدیم باید باشد و بلاشک از آن ایام سابق که در آن ایرانیان و هندوان یک ملت بودند، صادر شده؛ زیراکه این بحر در «ودا»ی هند هم یافت می‌شود و بعدها در شعر هندی عمومی شده است، همین‌طور که در شعر «اوستا»ی جدید.

با وجود اینکه همهٔ اشعار بزمی عهد ساسانیان از میان رفته، باز چند فقره‌های موزون در زبان پهلوی باقی مانده است، چنان‌که علامهٔ محترم و استاد معظم جناب پروفسور اندریاس که معلم دارالفنون شهر گوتنگن و ایران‌شناس مشهور است، اظهار نموده‌اند. کتیبهٔ سنگی حاجی‌آباد، که به تیراندازی شاه شاپور اول و بناکردن عمارتی راجع است، با یک نقط پادشاهی که در بحر

[2] مقصود از «هجا»، «مقطع» است که به فرنگی «Syllabe» و به اصطلاح عروضیین «وتد» یا «سبب» یا «فاصله» نامند.

[3] Vehukhschathra

[4] Spentmeinuya

[5] Ahunavaiti

[6] Ustavaiti

[7] Vahischtoiti

۸هجایی نظم شده است، خاتمه می‌یابد و آن ابیات در زبان پهلوی این‌طور است:

«کی چیذاغی اَلندری چیزی کی دستی نیوی است
هان پاذی پذ این درکی ایو نهااذی و تیری
او هان چیذاغی ایواستی پس کی تیری او هان چیذاغ
او گندی اوی دستی نیو»

یعنی: «مردی که او این بنا به‌طرف مغرب بنا کرده و دستش نیکوست، پا در این دره نهاد و تیر به‌جانب این بنا انداخت، پس مردی که تیربه‌جانب این بنا انداخت، دستش نیکوست.»

ملاحظه می‌کنیم که الفاظ «نهاذی» (یعنی نهاد) را در مصراع چهارم با الف دراز کشیده مثل آآ باید خواند و همین دراز کشیدن حروف عله نیز گاه‌گاه در شعر اوستا واقع می‌شود.

در میان پارچه‌های نوشتجات مذهب مانی که جناب فاضل محترم پروفسور گرونودل، از طرفان، که شهر ترکستان چین است به برلین آورده‌اند و بعضی از آنها در زبان پهلوی شمال غربی و بعضی در پهلوی جنوب غربی ایران مرقوم است نیز چند فقره منظوم است که بیشتر در بحر ۸هجا نظم شده است. یک فقره که تماما عبارت از ابیات آن بحر است در قطعهٔ یافت می‌شود، بدین‌قرار:

«ابزیروانغ اشنوخرغ هیم چی از بابیل ز میغ و سپریخت هیم» (الخ)

یعنی «مرن مرد ابزیروانغ (؟) هستم که رضایت به‌جای می‌آورم زیراکه از نزل بابل هستم الخ.»

و بحور دیگر نیز پیدا می‌شود. مثلا یک قطعه است که در او ابیات ۱۱هجا که چهار اکسنت دارند، می‌یابیم:

«خورشید روشن اود پرماه بر زاغ. . » (الخ)

یعنی «خورشید روشن و ماه تام درخشان..»

مد دادن به حروف عله، در این قطعه‌های موزون فراوان یافت می‌شود. مثلا «کومااااااان» در قطعهٔ چهارم.

هیچ شک نیست که شعر غیردینی عهد ساسانیان که حالا باقی نیست نیز در همین‌طور بحور نظم شده بوده است که آن بحور از نثر هیچ تفاوت نداشتند، الا آنکه عدد هجا معین بوده و از این جهت در کتاب «برهان قاطع» آورده است که «نوای خسروانی» که از تألیفات باربد بود، نثری بوده است مسجع.

در شمارهٔ ۳۵ روزنامهٔ «کاوه»، جناب محترم آقامیرزا محمدخان قزوینی، مقاله‌ای فاضلانه در باب قدیم‌ترین شعر فارسی مرقوم داشته‌اند.

جناب ایشان بیان می‌نمایند که آن ابیات که به عباس مروزی نسبت می‌دهند و قدیم‌ترین شعر فارسی می‌پندارند، دغل و جعلی باید باشد زیرا که در سنهٔ ۱۹۳ هجری که ادعا می‌کنند که در آن سال عباس مروزی همان شِعر در مدح مأمون گفت، علم عروض عرب، این‌قدر انتشار نداشت که زحافات

مخصوصۀ مقبولۀ طباع موزون ایرانیان حاضر بوده باشد. پس میرزا محمد قزوینی دو فقرۀ شعر فارسی را که آنها را در کتب مورخین قدیم عرب پیدا کرده‌اند، ذکر می‌کنند و آن ابیات به رسم عروض عرب تألیف نشده است، و آن دو فقره بسیار مهم است به جهت اینکه ظاهرا در بحر ۸هجا که در زبان‌های قدیم ایران مقبول‌ترین بحر بود، تألیف شده است. فقرۀ دیوم را که در سنۀ ۱۰۸ ه.ق تصنیف شده، این‌طور باید خواند:

«از ختلان آمذیه　　برو تباه آمذیه

آبار بازآمذیه　　خشک نزارآمذیه»

در فقرۀ اول که تاریخش زمان خلافت یزیدبن‌معاویه است، اگر حروف الف را در لفظ «آب» دراز کشیده بخوانیم، تقطیع آن ابیات چنین می‌شود:

«آااب است و نبیذ است

و عصارات زبیب است

سمیه روی‌سبیذ است»

در آن دو فقره، قافیه نیست، اما نوعی تجنیس پیدا می‌شود که یکی از آن دو فقره در هر مصراع، پیش از ردیف، لفظی دارد که حرکتش «یاء» است و در آن دیگر، لفظی که پیش از ردیف است، حرکت «الف» دارد.

اگر کسی کتب تاریخی نخستین قرون اسلام را با سعی تفتیش نمودی و تمام اشعار فارسی که در آنها پیدا می‌شود جمع کردی، برای معرفت بحور قدیم ایرانیان، کار بسیار مفیدی کردی. میرزا محمد قزوینی راه نموده است.[۸]

۸ «شعر و موسیقی در ایران» عباس اقبال، هنروفرهنگ۱۳۶۳

Songs of Bārbad

(2021)

Amir Hakimi

ASMANA PUBLICATION

ISBN: 9781069021052

Asemana Publication, Toronto, 2024